김소월 · 詩
정준웅 · 画

# 초招  혼魂

詩와 그림과 노래와…①

이 책을 내면서

　　詩와 그림을 한가지로 좋아해서, 詩를 모으고 그림을 모아 이 책을 냅니다.
　　詩와 그림과 노래가 있는 책, 그래서 이 책을 보는이들이 즐거운 感興을 함께 나눌 수 있기를 바라는 마음으로 앞으로도 계속 펴낼 것입니다.
　　애호가 여러분의 질정을 기다리면서——.

〈펴 낸 이〉

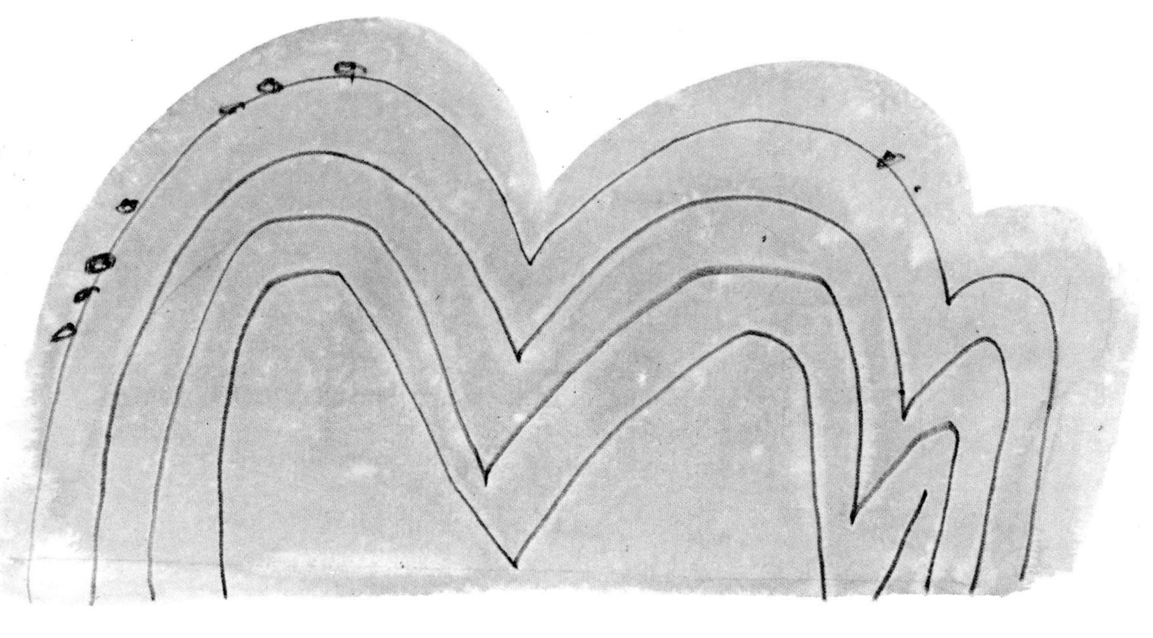

## □ 차　례 □

# 초 招 혼 魂

산산이 부서진 이름이여!
허공중에 헤어진 이름이여!
불러도 주인 없는 이름이여!
부르다가 내가 죽을 이름이여!

심중에 남아 있는 말 한 마디는
끝끝내 마저 하지 못하였구나.
사랑하던 그 사람이여!
사랑하던 그 사람이여!

붉은 해는 서산 마루에 걸리었다.
사슴의 무리도 슬피 운다.
떨어져 나가 앉은 산 위에서
나는 그대의 이름을 부르노라.

설움에 겹도록 부르노라.
설움에 겹도록 부르노라.
부르는 소리는 비껴가지만
하늘과 땅 사이가 너무 넓구나.

선 채로 이 자리에 돌이 되어도
부르다가 내가 죽을 이름이여!
사랑하던 그 사람이여!
사랑하던 그 사람이여!

# 눈 오는 저녁

바람 자는 이 저녁
흰 눈은 퍼붓는데
무엇하고 계시노,
같은 저녁 금년은……
꿈이라도 꿔면은!
잠들면 만날런가.
잊었던 그 사람은
흰 눈 타고 오시네.
저녁 때, 흰 눈은 퍼부어라.

그립다
말을 할까
하니 그리워

그냥 갈까
그래도
다시 더 한 번……

저 산에도 까마귀, 들에 까마귀
서산에 해진다고
지저귑니다.

앞 강물, 뒷 강물,
흐르는 물은
어서 따라오라고 따라가자고
흘러도 연달아 흐릅디다려.

산유화 山有花

산에는 꽃 피네
꽃이 피네
갈 봄 여름 없이
꽃이 피네

산에
산에
피는 꽃은
저만치 혼자서 피어 있네.

산에서 우는 작은 새요
꽃이 좋아
산에서
사노라네.

산에는 꽃 지네
꽃이 지네
갈 봄 여름 없이
꽃이 지네.

'80 馬蕃

강 江
촌 村

날 저물고 돋는 달에
흰 물은 쌀 쌀…….
금모래 반짝…….
청노새 몰고 가는 낭군!
여기는 강촌
강촌에 내 몸은 홀로 사네.
말하자면, 나도 나도
늙은 봄 오늘이 다 진토록(盡)
백년처권(百年妻眷)을 울고 가네.
길세 저문 나는 선비,
당신은 강촌에 홀로 된 몸.

맘 켕기는 날

오실 날
아니 오시는 사람!
오시는 것 같게도
맘 켕기는 날!
어느덧 해도 지고 날이 저무네!

# 꿈꾼 그 옛날

밖에는 눈, 눈이 와라.
고요히 창 아래로는 달빛이 들어라.
으스름 타고서 오신 그 여자는
내 꿈의 품 속으로 들어와 안겨라.

나의 베개는 눈물로 함빡 젖었어라.
그만 그 여자는 가고 말았느냐.
다만 고요한 새벽 별 그림자 하나가
창틈을 엿보아라.

# 고적한 날

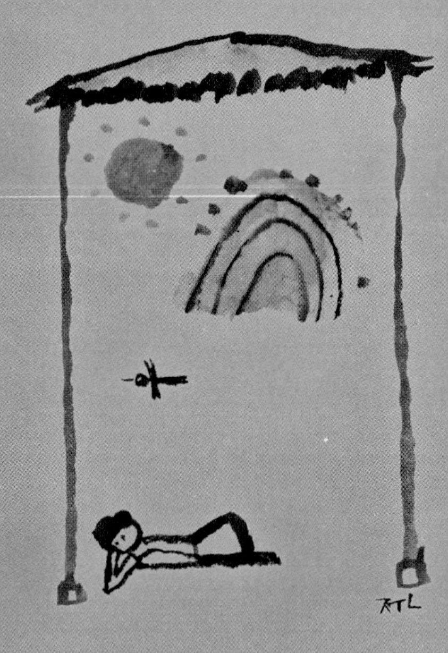

당신의 편지를
받은 그 날로
서러운 풍설이 돌았읍니다.

물에 던져 달라 하신 그 뜻은
언제나 꿈꾸며 생각하라는
그 말씀인 줄 압니다.

눈물이라 적어 보내셨지요.
언문 글자로
흘려 쓰신 글씨나마

물에 던져 달라 하신 그 뜻은
뜨거운 눈물 방울방울 흘리며
맘 곱게 읽어달라는 말씀이지요.

'80 星花

## 기회 機会

강 위에 다리는 놓였던 것을!
건너가지 않고서 바재는 동안
「때」의 거친 물결은 볼 새도 없이
다리를 무너치고 흘렀읍니다.

먼저 건넌 당신이 어서 오라고
그만큼 부르실 때 왜 못 갔던가!
당신과 나는 그만 이편 저편서
때때로 울며 바랄 뿐입니다.

# 풀 따 기

우리 집 뒷산에는 풀이 푸르고
숲 사이의 시냇물 모래 바닥은
파아란 풀 그림자 떠서 흘러요.

그리운 우리 님은 어디 계신고,
날마다 피어나는 우리 님 생각.
날마다 뒷산에 홀로 앉아서
날마다 풀을 따서 물에 던져요.

흘러가는 시내의 물에 흘러서
내어던진 풀잎은 옅게 떠갈 제
물살이 헤적헤적 풀을 헤쳐요.

그리운 우리 님은 어디 계신고
가엾은 이내 속을 둘 곳 없어서
날마다 풀을 따서 물에 던지고
흘러가는 잎이나 말해 보아요.

# 산 위에

산 위에 올라서서 바라다보면
가로막힌 바다를 마주 건너서
님 계시는 마을이 내 눈 앞으로
꿈 하늘 하늘같이 떠오릅니다.

흰 모래 비낀 선창가에는
한가한 뱃노래가 멀리 잦으며
날 저물고 안개는 깊이 덮여서
흩어지는 물꽃뿐 아득합니다.

이윽고 밤 어둡는 물새가 울면
물결 좇아 하나 둘 배는 떠나서
저 멀리 한 바다로 아주 바다로
마치 가랑잎같이 떠나갑니다.

나는 혼자 산 위에서 밤을 세우고
아침해 붉은 볕에 몸을 씻으며
귀 기울이고 솔곳이 엿듣노라면
님 계신 창 아래로 가는 물소래

흔들어 깨우치는 물 노래엔들
내 님이 놀라 일어 찾으신대도
내 몸은 산 위에서 그 산 위에서
고이 깊이 잠들어 다 모릅니다.

# 금잔디

잔디
잔디
금잔디,
심심산천에 붙는 불은
가신 님 무덤 가에 금잔디。
봄이 왔네, 봄빛이 왔네,
버드나무 끝에도 실가지에。
봄빛이 왔네, 봄날이 왔네,
심심산천에도 금잔디에。

엄마야
누나야

엄마야 누나야 강변(江邊) 살자.
뜰에는 반짝이는 금모래빛.
뒷문 밖에는 갈잎의 노래
엄마야 누나야 강변 살자.

## 엄마야 누나야

김 소 월 작사
김 광 수 작곡

먼 후 일

먼 훗날 당신이 찾으시면
그때에 내 말이 「잊었노라」

당신이 속으로 나무라면
무척 그리다가 잊었노라」

그래도 당신이 나무라면
「믿기지 않아서 잊었노라」

오늘도 어제도 아니 잊고
먼 훗날 그때에 「잊었노라」

# 하늘 끝

불현듯
집을 나서 산을 치달아
바다를 내다보는 나의 신세여!
배는 떠나 하늘 끝을 가누나!

# 산

산새도 오리나무
위에서 운다.
산새는 왜 우노, 시메산골,
영 넘어 가려고 그래서 울지.

눈은 내리네, 와서 덮이네.
오늘도 하룻길
칠팔십리
돌아서서 육십리는 가기도 했오.

불귀(不歸), 불귀, 다시 불귀
삼수갑산에 다시 불귀.
사나이 속이라 잊으련만,
십오 년 정분을 못 잊겠네.

산에는 오는 눈, 들에는 녹는 눈.
산새도 오리나무
위에서 운다.
삼수갑산 가는 길은 고개의 길.

# 접 동 새

접동
접동
아우래비 접동.

津頭江
진두강 가람 가에 살던 누나는
진두강 앞 마을에
와서 웁니다.

옛날, 우리 나라
먼 뒤쪽의
진두강 가람 가에 살던 누나는
의붓어미 시샘에 죽었읍니다.

누나라고 불러 보라
오오 불설워
시샘에 몸이 죽은 우리 누나는
죽어서 접동새가 되었읍니다.

아홉이나 남아 되던 오랩동생을
죽어서도 못 잊어 차마 못 잊어
야삼경 남 다 자는 밤이 깊으면
이산 저산 옮아가며 슬피 웁니다.

# 자나 깨나 앉으나 서나

자나 깨나 앉으나 서나
그림자 같은 벗 하나이 내게 있었읍니다.

그러나, 우리는 얼마나 많은 세월을
쓸데 없는 괴로움으로만 보내었겠읍니까!

오늘은 또 다시, 당신의 가슴 속, 속 모를 곳을
울면서 나는 휘저어 바리고 떠납니다그려!

허수한 맘, 둘 곳 없는 심사에 쓰라린 가슴은
그것이 사랑, 사랑이던 줄이 아니도 잊힙니다.

# 님의 노래

그리운 우리 님의 맑은 노래는
언제나 내 가슴에 젖어 있어요.

긴 날을 문 밖에서 서서 들어도
그리운 우리 님의 고운 노래는
해지고 저무도록 귀에 들려요.
밤들고 잠드도록 귀에 들려요.

고이도 흔들리는 노래가락에
내 잠은 그만이나 깊이 들어요.
고적한 잠자리에 홀로 누워도
내 잠은 포스근히 깊이 들이요.

그러나 자다 깨면 님의 노래는
하나도 남김없이 잊어 버려요.
들으면 듣는 대로 님의 노리는
하나도 남김없이 잇고 말아요.

# 못 잊어

못 잊어 생각이 나겠지요.
그런대로 한 세상 지내시구려,
사노라면 잊힐 날 있으리다.

못 잊어 생각이 나겠지요.
그런대로 세월만 가라시구려,
못 잊어도 더러는 잊히오리다.

그러나 또 한긋 이렇지요,
「그리워 살뜰히 못 잊는데
어쩌면 생각이 떠지나요?」

# 예전엔 미처 몰랐어요

봄 가을 없이 밤마다 돋는 달도
「예전엔 미처 몰랐어요。」

이렇게 사무치게 그리울 줄도
「예전엔 미처 몰랐어요。」

달이 암만 밝아도 쳐다볼 줄을
「예전엔 미처 몰랐어요。」

이제금 저 달이 설움인 줄은
「예전엔 미처 몰랐어요。」

눈물은 새우잠의
팔굽 베개요,
봄 꿩은 잠이 없어
밤에 와 운다.

언제는 둘이 자던 베개 머리에
「죽자 사자」 언약도 하여 보았지.

두동달이 베개는
어디 갔는고,

봄 메의 멧 기슭에
우는 접동도
내 사랑, 내 사랑
좋이 울것다.

두동달이 베개는
어디 갔는고,
창가에 아롱아롱
달이 비친다.

# 원鴛 앙鴦 침枕

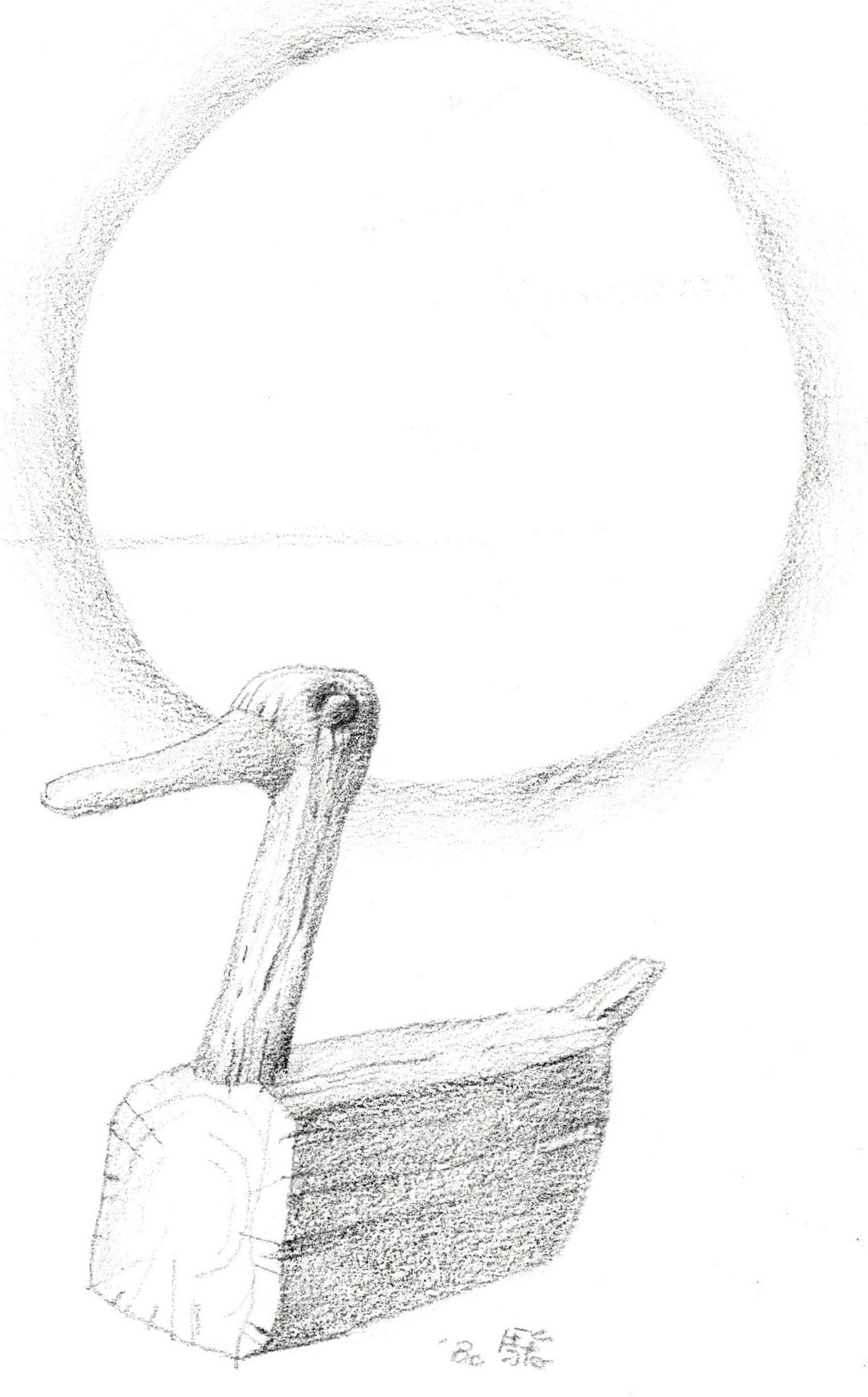

바드득 이를 갈고
죽어 볼까요、
창 가에 아롱아롱
달이 비친다。

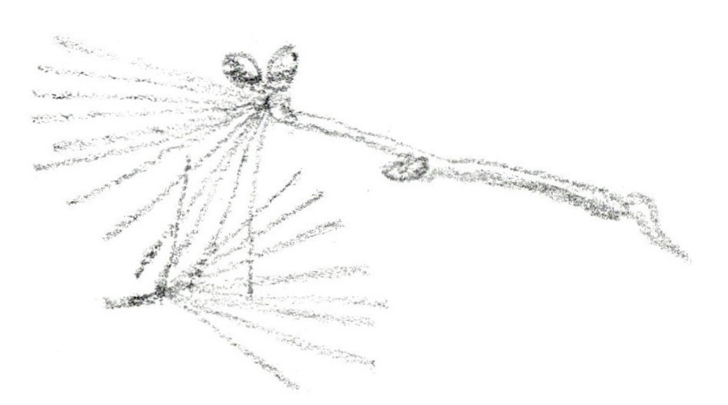

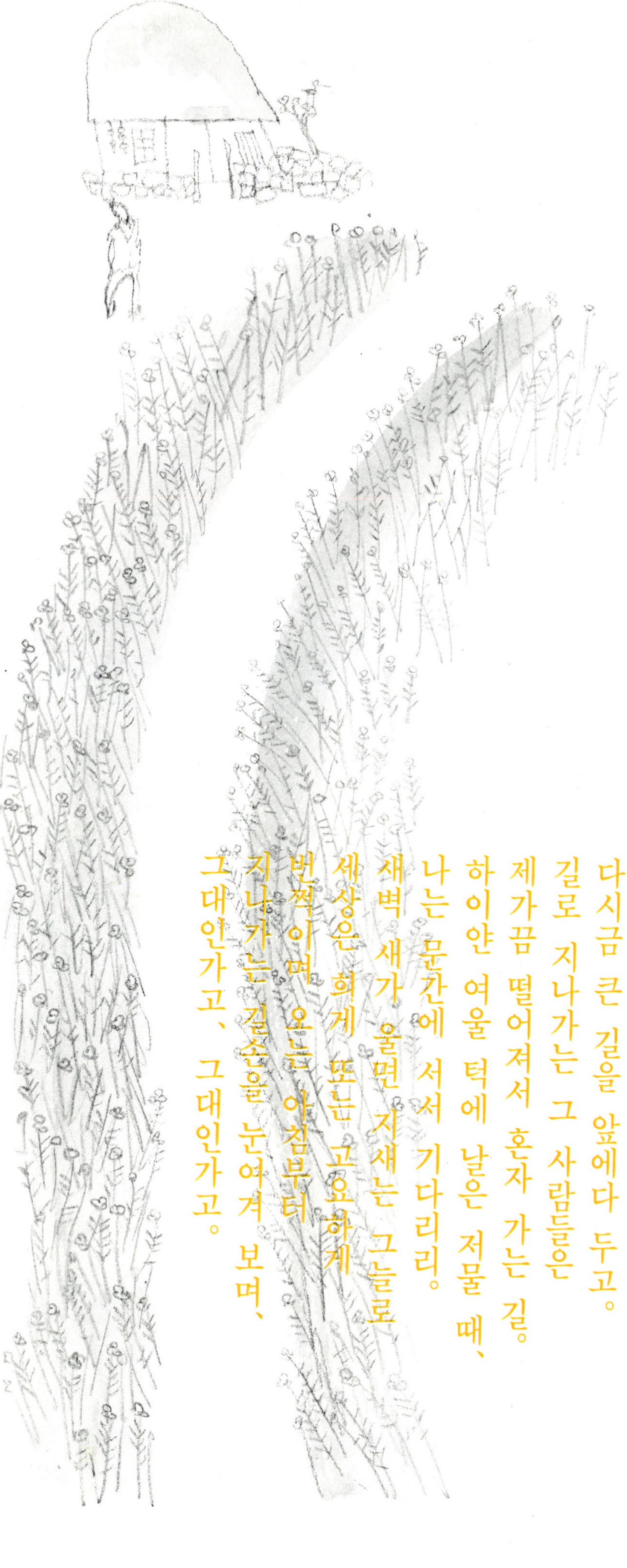

# 나의 집

들가에 떨어져 나가 앉은 메 기슭의
넓은 바다의 물가 뒤에,
나는 지으리, 나의 집을,
다시금 큰 길을 앞에다 두고.
길로 지나가는 그 사람들은
제가끔 떨어져서 혼자 가는 길.
하이얀 여울 턱에 날은 저물 때,
나는 문간에 서서 기다리리
새벽 새가 울며 지새는 그늘로
세상은 희게 또는
번쩍이며 오는 아침부터
지나가는 길손을 눈여겨 보며,
그대인가고, 그대인가고.

'80 寫生

# 개여울

당신은 무슨 일로
그리합니까?
홀로이 개여울에 주저앉아서.

파릇한 풀포기가
돋아 나오고
잔물은 봄바람에 헤적일 때에.

가도 아주 가지는
않노라시던
그러한 약속이 있었겠지요.

날마다 개여울에
나와 앉아서
하염없이 무엇을 생각합니다.

가도 아주 가지는
않노라시던
굳이 잊지 말라는 부탁인지요.

# 바다

뛰노는 흰 물결이 일고 또 잦는
붉은 풀이 자라는 바다는 어디.

고기잡이꾼들이 배 위에 앉아
사랑 노래 부르는 바다는 어디.

파랗게 좋이 물든 남빛 하늘에
저녁 놀 스러지는 바다는 어디.

곳 없이 떠다니는 늙은 물새가
떼를 지어 쫓기는 바다는 어디.

건너 서서 저편은 딴 나라이라
가고 싶은 그리운 바다는 어디.

## 素月의 詩

　　우리나라에서 가장 愛誦되고 있는 金素月의 詩는 아무리　세월
이 흐르고 세상이 바뀌어도 그 깊은 서정성으로 읽는 사람의　가
슴을 적셔준다.
　　그의 詩에 맥맥히 흐르고 있는 그리움과 恨의 세계는 詩를 모
르는 사람의 마음에까지도 소용돌이를 일으키게 한다. 그런 탓으
로 〈진달래꽃〉이나 〈山有花〉〈못잊어〉등 널리 알려진 詩의 한 句
節 정도를 입에 올려보지 않은 이는 없을 것이다.
　　民族詩人이며 民謠詩人으로 우리 詩史에 가장 큰 자리를 차지
하는 金素月의 詩作品은 모든 겨레에게 남김없이 아름다운　꿈과
아늑한 慰安을 주는 詩心의 커다란 꽃밭이라고도 할 수 있다.
　　이곳에는 錦上添花格으로 素月의 대표시와 함께 기교와 색감이
뛰어난 정준용 画伯의 그림이 곁들여져 책을 펴드는 사람을 더욱
즐겁게 해준다.

文学評論家　申　東　漢


## 鄭駿溶의 그림

　　정준용 画伯은 오랫동안 삽화가로 활약해 왔다. 옛날 사람들의
書画一致사상으로 보자면 그는 그간 외도를 한 셈이다.
　　그러나 그것들은 모두 직업이 전문화될 수 없었던 시대의 일
이다. 오늘날처럼 전문성을 요구하는 시대에는 도리어 그의 활약
은 구체성(実用性)을 지니는 셈이다.
　　이 시집에 실린 그림들은 물론 단순한 삽화가 아니다. 비록 시
가 지니는 주제를 소화한다는 제약이 가해져 있기는 하지만, 그러
나 어디까지나 그림으로서의 독자적인 표현영역이 구축되고 있다.
때로는 색채의 미감으로, 혹은 형태적인 손짓으로 시의 세계를 번
역해 나가고 있지만, 그것이 수학적인 해답이 아니라는 점에, 그
의 회화적인 가치가 보장되어 있다. 일찌기 〈木友会〉의 회원으로
서 크게 활약했던 실력이 이곳에서도 십분 발휘되어 있다고 본다.

美術評論家　朴　容　淑

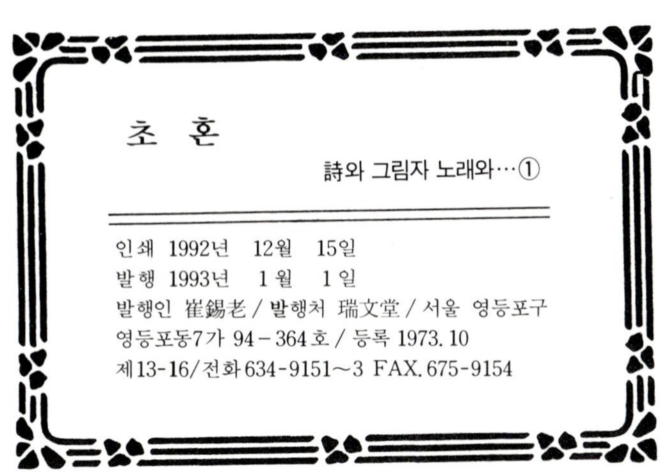


## 초 혼

詩와 그림자 노래와…①

인쇄 1992년 12월 15일
발행 1993년 1월 1일
발행인 崔錫老 / 발행처 瑞文堂 / 서울 영등포구
영등포동7가 94－364호 / 등록 1973. 10
제13-16/전화 634-9151〜3 FAX. 675-9154